Auteur : **© Stéphanie Dordain**

Éditeur : **© Stéphanie Dordain**

Couverture : **Photo de Johannes Plenio**

Corrections : **© Carine Racon**

Révisions linguistiques : **© Carine Racon**

Montage de la couverture : **© Stéphanie Dordain**

Mise en page : **© Ophélie Gigou**

Dépôt légal : **Avril 2023**

Date de première impression : **16 Décembre 2020**

Date de publication : **Avril 2023**

ISBN : **9798397370660**

BONJOUR À TOUS

Je suis ravie de vous proposer une nouvelle version du coffret audio interactif « Le Message des Arbres » (disponible sur mon site), sous forme de livre oracle pour vous accompagner au quotidien.

Dans ce livre, je vous propose des messages et guidances quotidiennes ou hebdomadaires pour vous accompagner à guérir et grandir.

Ouvrez une page au hasard et laissez infuser le message/mantra en vous.

Puis, laissez-vous guider par le conseil ou l'exercice à pratiquer sur votre journée ou votre semaine. Avec ces conseils quotidiens inspirés des arbres, vous êtes invité(e) à révéler votre magie intérieure, à grandir et à transformer votre vie.

C'est avec beaucoup d'amour que j'ai canalisé pour vous ces messages. Libre à vous de les utiliser à votre façon. Ici il n'y a pas de règles, si ce n'est celle que vous dicte votre cœur.

**Je vous souhaite une merveilleuse connexion à votre âme,
à votre magie intérieure
et à la nature qui vous entoure.**

« Tu es
une merveille,
tu rayonnes
de lumière »

Je crois que ce message aujourd'hui est facile à comprendre.

A l'heure actuelle, vous êtes aligné(e), vous êtes une merveille et vous rayonnez de lumière.

Iris veut vous rappeler à quel point vous êtes extraordinaire, à quel point vous rayonnez. N'oubliez pas que vous pouvez illuminer la vie de ceux qui vous entourent et que vous avez ce soleil à l'intérieur qui est bel et bien vivant.

Si vous vous posiez des questions, si vous aviez des doutes sur une situation, sachez qu'aujourd'hui Iris vous dit: « Tout va bien, vous êtes parfait(e) comme vous êtes. Vous êtes simplement une merveille et vous rayonnez de lumière. Ayez confiance en vous. Laissez partir vos doutes, vos peurs et toutes les pensées qui n'ont pas lieu d'être. Concentrez-vous, laissez infuser ce message important. »

En ce moment même, en lisant ces mots, votre cœur est en train de rayonner de lumière.

Alors faites-vous confiance et soyez juste en paix, soyez juste là. Simplement.

« Réveille la magie
et le pouvoir
de sorcier(ère)
qui est en toi »

HANNAH

Je ne sais pas si vous aimez les contes de fées, les histoires de sorciers, de sorcières, mais aujourd'hui Manime vous dit que vous avez ce pouvoir en vous. Il y a quelque chose de très magique au plus profond de vos cellules. Peut-être que vous ne le savez pas, mais vous avez de nombreux pouvoirs.

Et lorsque l'on parle de pouvoir de sorcier(ère), ce n'est pas quelque chose à connotation négative, bien au contraire. Les sorciers et sorcières peuvent guérir, ils peuvent exaucer les rêves, faire des potions et voir la magie tout autour d'eux.

Aujourd'hui, Manime vous invite dans un premier temps à réveiller la magie en vous et dans votre vie. Croyez en l'univers et n'hésitez pas à poser des intentions.

Si vous avez des demandes ou des envies particulières, passez à l'action. Prenez un bout de papier et demandez à la magie de la vie de réaliser ce que vous désirez voir.

Exercice

Notez la date du jour, écrivez en objet « Demande à l'univers » puis rédigez cette lettre comme si c'était une incantation. Par exemple, si aujourd'hui vous voulez faire un voyage à Tahiti, inscrivez ceci : « Aujourd'hui par le pouvoir et la magie de l'univers, je voyage à Tahiti. Et toutes les ressources nécessaires se mettent en place. »

Ceci est un exemple bien sûr. Vous pouvez utiliser les mots que vous souhaitez.

Manime vous rappelle que la vie est magique. Plus vous croyez et faites des requêtes, plus vous interagissez avec elle. Plus elle vous répond, plus vous avez de coups de pouce de l'univers. Alors, dès maintenant, n'hésitez pas à faire des demandes.

Avec le pouvoir de sorcier(ère), on parle aussi de tout ce qui est en connexion avec la nature, les remèdes, les plantes, les huiles, les cristaux...

Je ne sais pas si vous êtes sensible à toutes ces choses, mais Manime vous propose aujourd'hui de vous y atteler. Sortez et ramassez des herbes, renseignez-vous sur leurs vertus, connectez-vous aux cristaux et, peut-être aussi, aux animaux. Faites un premier pas vers cette nature, vers cette connexion parce qu'il y a quelque chose en vous qui est très connecté et qui a ce pouvoir, en tout cas, d'utiliser l'environnement et d'interagir avec lui.

Dès aujourd'hui, suivez votre cœur, allez vers les outils qui vous correspondent le mieux et devenez cette sorcière, ce sorcier qui est en vous.

Tel est le message du jour. N'oubliez pas de laisser infuser ces mots à l'intérieur de vous pour qu'ils rejoignent votre cœur.

« Libère-toi
de tes chaînes
et ouvre
tes ailes »

Kaba vous rappelle qu'il y a beaucoup de choses matérielles, beaucoup de choses trop concrètes, trop lourdes qui vous enchaînent et vous retiennent. Pourtant, vous avez bel et bien des ailes derrière vous qui ne demandent qu'à se déployer.

Vous avez la capacité de vous envoler, d'aller beaucoup plus haut, de flotter, d'aller chercher l'intuition, d'aller trouver la vision, de recevoir des informations de manière très connectée, de voir les choses avec plus de magie, de vous connecter au monde...

Toutefois, ce sont cette matière et ces lourdes chaînes qui vous raccrochent, vous retiennent et vous empêchent de vous envoler.

Je vous propose de faire l'exercice du jour suivant : Prenez simplement une feuille de papier et notez intuitivement, instinctivement, ce qui vous est venu en tête quand j'ai mentionné que quelque chose de concret vous retient, vous attache.

De quoi parle-t-on à votre avis? Un logement, un travail, un objet, une tout autre situation concrète ?

Listez ce qui vous vient sur cette feuille et ensuite, après avoir inspiré profondément, notez cette petite phrase en dessous de vos notes :
« Par le pouvoir de Kaba, je me libère de ces chaînes et j'ouvre mes ailes. Par le pouvoir de Kaba, je me libère de ces chaînes et j'ouvre mes ailes. »

Ensuite, pliez votre papier et enterrez-le, soit dans un pot de fleurs, soit dans votre jardin, soit dans un parc.

Rendez-le à la terre, créatrice de la vie, et vous verrez qu'elle fera naître cette libération et vous permettra de vous reconnecter à vous.

Faites ce petit rituel, prenez ce petit temps pour vous.

Je vous souhaite vraiment d'ouvrir vos ailes et de vous envoler le plus haut possible.

« Laisse tes pensées couler
sur le lit de la rivière
pour rejoindre
l'océan
de ton âme »

Aujourd'hui, Arthur vous invite à faire le vide dans votre esprit, à laisser pendant cinq petites minutes vos pensées s'envoler.

Il vous invite à respirer profondément et à vous connecter aux bruits extérieurs, à être attentif(ve) à ce que vous voyez, à vos sensations, aux odeurs...

Connectez-vous à vos 5 sens, aujourd'hui, pour revenir à l'instant présent et quitter votre mental. Il s'agit ici de faire le vide, de laisser les pensées s'envoler comme des ballons qui flottent au-dessus de votre tête et montent encore plus haut dans le ciel.

Cela vous permettra simplement de revenir à l'essentiel, de vous reconnecter à votre essence et votre intuition pour pouvoir entendre les messages de votre cœur.

En réalité, si vous avez des questions, des doutes ou des choix à faire, plus vous ramenez vos pensées à l'instant présent pour vous reconnecter à ce qui vous entoure, plus celles-ci s'envolent et flottent.

Plus vous vous arrêtez de penser, plus vous vous reconnectez à votre cœur et votre âme. Ainsi, vous êtes réaligné(e) et ancré(e). Laissez passer cinq minutes, puis plongez-vous à nouveau dans votre question ou votre réflexion.

Vous verrez qu'une réponse, un message instantané surgira.

La réponse sera une évidence puisqu'elle viendra de votre cœur et votre essence profonde.

Lorsqu'on est trop dans le mental et qu'on voit ses pensées partir dans tous les sens, toutes les options sont envisagées et tout finit par s'embrouiller. Par conséquent, on prend les mauvaises décisions parce qu'on répond à sa partie analytique, statistique et on ne fait plus de choix instinctifs. On n'écoute plus son cœur simplement.

Les meilleurs choix sont ceux qui vibrent et qui résonnent avec votre cœur.

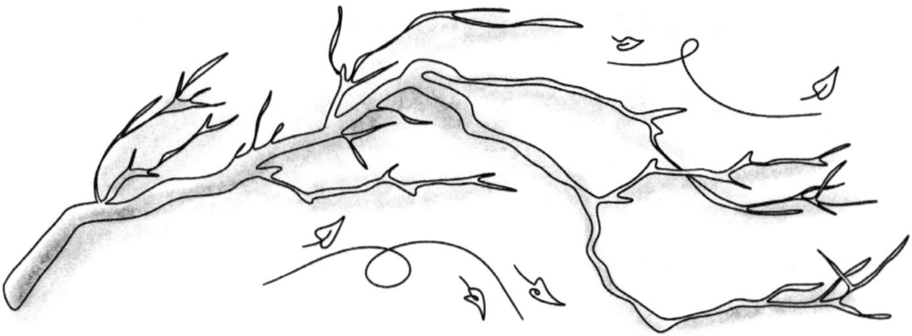

« Déploie tes branches
et fais confiance
en tes racines
qui sont bel et bien
présentes »

Aujourd'hui, Figue vous rappelle que vous pouvez enfin vous envoler. Souvent, on craint un peu de se laisser porter et de s'envoler, d'aller plus haut parce qu'on peut avoir peur de perdre pied. Se perdre, tout simplement.

Aujourd'hui, Figue vous rappelle que vous êtes bien enraciné(e). Les fondations de ce que vous avez créé, de ce que vous désirez voir sont bel et bien ancrées au sol comme de grandes racines.

Alors n'ayez plus peur ; lancez-vous !

Osez ! Allez-y ! Foncez ! Vous êtes prêt(e) !

Vous êtes prêt(e) à déployer vos branches, à multiplier vos activités, vos envies. Je ne sais pas si vous voulez faire des nouvelles choses, des nouvelles rencontres, mais en tout cas, le déploiement des branches signifie que vous pouvez vous déployer, vous pouvez augmenter les actions, les choix, les activités car vous êtes bel et bien enraciné(e), aujourd'hui ; tout va bien se passer.

Figue vous dit bien clairement : aujourd'hui, c'est bon, vous êtes prêts, vous êtes prêtes.

Ayez confiance en votre socle, en vos racines, en votre tronc ; vous êtes bien aligné(e) avec la terre et avec vos énergies dans ce que vous êtesen train de faire. Si vous avez encore des doutes ou des peurs, balayez tout cela.

Figue vous donne son accord, c'est ok, vous pouvez passer à l'action.

**« Le pouvoir
de la guérison
est en toi,
tu es déjà
guéri(e) »**

Aujourd'hui le groupe des lauriers nous parle de guérison.

Cela peut être une guérison physique, une guérison émotionnelle... Ce groupe des lauriers vous rappelle que le processus d'autoguérison et tous les pouvoirs de guérison sont déjà en vous. Vous les possédez totalement et il vous suffit d'une seconde pour les activer et ainsi être guéri(e).

À travers ce message, le groupe des lauriers vous informe aussi sur le temps qui n'existe pas et le fait que tout peut basculer d'une fraction de seconde à une autre. De plus, tous nos états, toutes nos facettes existent au même moment. Il vous faut activer votre pouvoir intérieur de guérison parce que, vous seul(e), possédez cette force de guérir.

Souvent, lorsque nous sommes malades, que ce soit émotionnellement, psychologiquement, physiquement, nous avons des symptômes qui résultent d'un dysfonctionnement initial.

On a trop tendance à se pencher sur les symptômes, à vouloir travailler dessus, alors qu'ils ne sont que le signal envoyé par notre corps ou notre esprit, qui vous dit: « Voilà, il y a eu un dysfonctionnement au départ, qui m'a mené à ce blocage.» Par exemple, en voiture, si je roule trop vite et que je traverse une flaque d'huile, je vais glisser. Je vais heurter un poteau. Dans cet exemple, le poteau représente le symptôme. En fait, si je veux guérir et changer la situation, je ne devrais pas enlever cet obstacle. Mais, je ferai attention à ma conduite, observerai la route et ferai en sorte qu'elle soit propre, lisse, fluide et sans danger. Si je rencontre un obstacle, je prendrai soin de ralentir et le contourner.

Eh bien avec notre corps et notre esprit, c'est un peu la même chose. C'est précisément ce que vous rappelle aujourd'hui le groupe des lauriers : « Le pouvoir de guérison est en vous, il vous suffit de l'activer. »

Pour cela, vous pouvez simplement fermer les yeux et suivre, par exemple, la séance d'hypnose de guérison chamanique, que je vous propose sur ma chaîne YouTube, afin d'activer votre pouvoir intérieur. Cette méditation est totalement gratuite. Vous pouvez en découvrir plein d'autres sur ma chaîne. Une autre option serait de lire des ouvrages sur le sujet. Ce pouvoir de guérison est en vous. Alors, allez chercher des réponses à l'intérieur.

« Suis le rythme du vent,
pose tes pieds bien au sol
et chante de tout
ton cœur,
la réponse est là »

Aujourd'hui, Twin vous donne de nombreuses informations quant à la posture à tenir et la façon de fonctionner pour obtenir toutes les réponses dont vous avez besoin. Il y a plusieurs parties dans ce message.

La première, c'est « Suis le rythme du vent. » Twin vous invite vraiment à suivre le mouvement de la vie, à saisir les opportunités. Peut-être que vous êtes en ce moment dans une démarche de doute, de questionnement et que vous attendez des réponses. Eh bien, Twin vous dit que, si vous suivez le mouvement et que vous saisissez les opportunités que la vie vous amène, vous allez déjà activer ce chemin, activer les réponses qui sont déjà en vous.

Donc, il vous propose de suivre le mouvement de la vie, de voir tous les petits signes qui sont autour de vous, d'y aller et de vous laisser porter tout comme cette feuille qui suit le rythme du vent. Cela dit, gardez bien les pieds ancrés au sol. Cela ne vous empêchera pas de saisir le mouvement et d'accueillir le changement. Ne soyez pas trop structuré(e), ordonné(e) dans vos actions. N'hésitez pas à embrasser le rythme de la vie tout en restant bien ancré(e). Il est inutile de partir dans tous les sens.

Ne démarrez pas plusieurs projets à la fois. Restez bien en accord avec vous et ce que vous avez déjà mis en place. En fait, lorsqu'il vous dit de suivre le rythme du vent, c'est plutôt dans la forme. Je prends pour exemple cette feuille qui flotte, mais il est évident qu'elle finira par tomber sur le sol. Elle sait déjà où elle va. C'est comme ça, c'est le rythme de la vie. Cependant, dans sa chute, elle va se laisser porter par le vent pour tomber au meilleur endroit pour elle. Alors, l'objectif de départ est bien de tomber au sol. Elle sait le chemin qu'elle a à parcourir, mais il n'y a pas de rigidité, de rythme obligatoire à suivre lorsqu'elle descend et qu'elle tombe de l'arbre. Elle se laisse porter, s'il faut aller un petit peu à gauche puis un peu à droite et se laisser flotter, elle va le faire.

Twin vous demande de faire la même chose, en fait. Donc, vous savez où vous allez, vous avez les pieds bien ancrés au sol, mais vous vous laissez porter par le rythme du vent. Ne vous mettez pas de cadre trop rigide. Laissez-vous tout simplement porter. Ecoutez vos humeurs du jour, vos émotions, vos sensations, le temps extérieur, la position de la lune... Tout cela joue, en fait, sur votre caractère, vos comportements et vos envies. Il est important de lâcher prise et de ne pas figer le cadre du quotidien.

Pour terminer, il vous dit « Chante de tout ton cœur. » En fait, le processus naturel pour être réellement aligné(e) et écouter son cœur, c'est d'être ancré(e) dans la matière et l'instant présent. Il s'agit d'attraper le rythme, le flux et les signes de la vie. En agissant ainsi, votre tronc est à la fois solide et flexible. Avec des racines bien accrochées au sol, il peut se balancer de temps en temps selon le rythme du vent. Il flotte pour mieux accueillir la tempête et s'adapter au climat. C'est ce qui va permettre à cet arbre de résister, de grandir et d'être en pleine santé.

Eh bien pour nous, c'est un peu la même chose. Si on reste bien ancré(e), tout en s'adaptant au rythme du vent, on est alors toujours dans le cœur et aligné(e) avec soi. La réponse est là.

Clairement, ceci est un message de Twin pour vous délivrer une manière de fonctionner face à la vie. C'est, à la fois, un mélange d'enracinement, d'ancrage, de présence à soi et d'accueil du rythme de la vie, de danse sur le vent, d'ouverture aux cycles, aux nouveautés, aux opportunités. Ainsi, vous serez pleinement aligné(e) dans le cœur et le laisserez s'exprimer par le chant, la voix et tout votre rayonnement intérieur.

**« Comme
une inspiration,
laisse la lumière
du monde
entrer en toi »**

Le message du jour vous parle d'inspiration, que cela soit une inspiration créative ou alors un souffle qui vous donne envie de respirer et d'être vivant. Léa vous propose de vous inspirer et de vous laisser emplir de la lumière du monde extérieur.

Commençons par décortiquer ce message. Peut-être que vous êtes une de ces personnes qui doutez ou avez un manque d'inspiration pour le futur. Peut-être que vous êtes un peu perdu(e) sur votre chemin. Léa vous propose, tout d'abord, de prendre un temps pour vous, d'inspirer profondément et d'imaginer qu'il y a une lumière dorée du monde entier qui pénètre en vous, comme si vous vous inspiriez, comme si vous preniez la vie du monde autour de vous. Tout le monde sait que ce qui est autour de vous n'est qu'un reflet de vous-mêmes.

Alors, le deuxième conseil que je peux vous proposer aujourd'hui, c'est de vous inspirer des personnes qui vous entourent. L'idée n'est pas de les copier à l'identique, mais plutôt de prendre conscience que ces personnes, leurs activités ou leurs inspirations sont peut-être un miroir de vous-même et représentent une partie de vous. Soyez confiant(e) car c'est l'univers qui vous envoie ces messages.

Alors, laissez-vous inspirer par tout ce que vous allez croiser aujourd'hui. Imaginez et prenez en considération tout ce qui va venir à vous. Cela peut être par exemple des appels, des événements ou des personnes que vous croiserez, et même des messages sur votre ordinateur et sur Internet. Prenez tous ces éléments comme une inspiration. Imprégnez-vous profondément de l'information et observez comment elle résonne en vous ; qu'est-ce que cela réveille et représente à l'intérieur de vous ?

Vous allez voir que toutes ces révélations du monde extérieur vont devenir une source d'inspiration intérieur.

**Comme tout n'est
qu'amour et lumière,
n'oubliez pas d'inspirer
tout l'amour
et toute la lumière du monde
qui est autour de vous
à chaque instant.**

« Contemple
le vide comme
la plus grande
des richesses »

Or vous rappelle à quel point il est important de faire le vide en soi et autour de soi.

Aujourd'hui, il vous invite, dans un premier temps, à rentrer à l'intérieur de vous pour franchir cette étape. En effet, être capable de vider et de libérer tout son esprit de toutes les pensées qui flottent autour de nous est un premier pas pour accueillir l'énergie du monde extérieur. En étant vide, on peut se préparer à accueillir et à être rempli(e). C'est là toute la beauté et toute la magie de la vie : pouvoir se renouveler en permanence. À chaque fois que vous avez l'esprit plein de pensées, la tête remplie de mots ou de phrases intérieures, ou encore le corps gavé de nourriture, vous vous sentez lourd(e) et n'êtes pas prêt(e) à accueillir une nouvelle énergie de la vie avec légèreté.

Or, l'humain est un être en mouvement qui a besoin de se renouveler et sans cesse de se remplir de richesse et d'énergie comme un cycle naturel tout simplement.

Si vous voulez verser de l'eau dans votre verre, il faut d'abord le vider.

C'est ce que vous propose aujourd'hui Or, à travers un petit exercice, pour dégorger votre esprit et contempler le vide.

Pour cela, je vous propose

simplement de vous installer dans un endroit calme, dans une pièce, sur une terrasse, dans votre jardin ou même dans un parc, si vous avez un bout de nature à côté. Je vous invite à vous concentrer tout simplement sur le vide qu'il y a entre chaque chose. Pour vous aider, je prends un petit exemple. Imaginez que j'enregistre ces mots sur une version audio, devant mon écran d'ordinateur. Vous entendriez sûrement de l'espace, du vide.

Eh bien, le but du jeu de cet exercice est d'essayer d'imaginer la matière que vous ne voyez pas, entre cet écran et moi, entre vous et votre mur, entre vous et un arbre, entre les oiseaux qui volent autour de vous, si vous êtes dehors, et l'espace qui vous environne. En vous concentrant sur ce vide, non seulement vous allez vous mettre dans un état modifié de conscience, parce que la focalisation du vide est une très bonne technique d'induction, mais en plus, vous allez calmer votre esprit qui va porter son attention sur ce qu'il ne voit pas, sur le vide. Vous allez donc arrêter de penser pendant quelques instants. Vous pouvez respirer profondément, vous n'avez vraiment pas besoin de rentrer en introspection intérieure pour méditer. Au contraire, regardez ce qui est autour de vous, arrêtez-vous sur ce vide, sur cet espace entre chaque élément et vous allez voir que vous allez trouver un état méditatif profond.

Le deuxième conseil d'Or aujourd'hui est de faire le vide autour de soi. Me concernant, une fois par semaine, je fais un grand nettoyage, c'est à dire que je fais et donne des petits colis de choses que je n'utilise pas souvent (tous les jours ou tous les deux jours). Je peux aussi parfois jeter ces choses et cela me fait un bien fou.

Alors, je vous propose aujourd'hui de choisir une pièce dans votre maison ou peut-être une série d'articles, comme vos vêtements ou encore vos placards alimentaires, et de vider tout ce qui vous encombre. Chez moi, par exemple, j'ai parfois plein d'épices qui traînent et me sont inutiles.

Videz, donnez, jetez ou alors réutilisez. Ranger, vider, se désencombrer fait un bien fou, même si vous avez des affaires que vous n'osez pas donner car vous vous dites que vous les utiliserez plus tard. Si vous avez un vêtement que vous n'avez pas porté pendant ces six derniers mois, à moins que cela ne soit un article hors saison, donnez-le ou vendez-le. Ne gardez surtout pas ce qui n'a plus d'énergie, de vibrations utiles autour de vous.

En faisant de l'espace, en vidant ce qui est en vous et autour de vous, je vous assure que l'univers va s'occuper de venir vous remplir à nouveau d'une énergie toute fraîche, avec laquelle vous vous sentirez tellement mieux.

Tu es libre d'être
celui/celle
que tu es vraiment,
alors sois
toi-même,
et surtout
aime
qui tu es

Alors aujourd'hui le message de Cotic contient trois informations importantes, je pense. La première c'est qu'elle vous rappelle, elle nous rappelle à tous que nous sommes chacun libre d'être celui/celle que nous sommes.

Il est vrai qu'en grandissant, nous sommes bien trop souvent prisonniers de l'identité que nous avons construite à travers notre éducation, nos peurs, nos parents, nos mémoires, et nous ne nous autorisons pas toujours à exister vraiment, à exprimer celui/celle que nous sommes à l'intérieur.

Cotic vous rappelle aujourd'hui que vous êtes libre d'être cette personne et que tous ces blocages et armures que vous vous infligez sont des chaînes imaginaires.

En fait, vous êtes vraiment libre de devenir qui vous voulez. Ce sont véritablement vos peurs du jugement et du regard de l'autre qu'il vous faut surpasser. Cotic vous invite donc à vous libérer et à être conscient(e) qu'il ne tient qu'à vous de faire un pas vers vous-même et d'aller à votre rencontre. Ensuite il vous dit d'être véritablement authentique.

Je sais que ce n'est pas toujours facile. C'est pour cela qu'il est important de faire ce premier pas et de vous poser la question suivante : « Qui est-ce que je suis, moi ? ». Envisageons ces situations : Imaginez que vous n'aviez pas le regard des autres sur vous, que vous ne deviez faire plaisir à personne ou encore que vous n'agissiez pas pour les autres. Quelle serait votre réaction ?

Le besoin d'amour est un des besoins fondamentaux pour l'enfant. Un grand nombre de nos actions naissent de ce besoin d'être aimé(e) par l'autre. Tout cela vient influer sur nos comportements et sur l'identité que nous allons prendre. La première chose à faire serait de vous demander si vous vous sentez aimé(e) et rempli(e) d'amour, quoi qu'il arrive. Ce serait aussi de vous interroger sur votre capacité à vous faire plaisir et ainsi être pleinement authentique. Quelle serait votre réponse ?

Cotic vous invite à vous poser toutes ces questions pour faire ce fameux premier pas. Enfin, la dernière partie du message est très importante : « Aime qui tu es. » Je crois qu'apprendre à s'aimer comme on est, est un vrai défi, parce qu'une fois de plus, on vient chercher l'amour des autres. On veut s'approprier des comportements et des identités pour être aimé(e) de nos parents, à l'origine, et d'autres personnes, ensuite. Mais, ce que Cotic veut vous dire, c'est que vous devez vous aimer d'abord. Vous devez aimer celui/celle que vous êtes.

Alors autorisez-vous, aujourd'hui, à fermer les yeux quelques secondes, à vous poser près d'un arbre par exemple, ou à en imaginer un, et à vous rappeler quand vous étiez enfant : Qu'est-ce qui vous faisait plaisir? Qu'est-ce qui vous faisait vibrer ? Qu'est-ce qui vous amusait ?

Et ensuite, pensez à toutes ces choses qui vous plaisent aujourd'hui que vous faites de temps en temps ou auxquelles vous aspirez ; ces petites choses dont vous rêvez, et plongez-vous dans cet état. Lorsque vous y serez, imaginez toutes les personnes, qui vous sont chères, vous regardent et vous disent simplement « je t'aime ». Quand vous êtes vraiment en phase avec vous-même et que vous imaginez que vos parents et les personnes qui vous entourent, vous rappellent qu'ils vous aiment, il devient essentiel de prendre un temps pour vous reconnecter à votre amour propre.

Enfin, vous pourrez simplement vous prendre dans les bras en plaçant votre main droite sur votre épaule gauche, votre main gauche sur votre épaule droite et vous faire un gros câlin pour vous rappeler combien vous êtes merveilleux(se). Comme si vous vous parliez à vous-même, dites-vous simplement : « Je t'aime, je t'aime. »

**Voilà le message
que Cotic vous délivre.
Il est très important
de se libérer de toutes
ces chaînes invisibles
parce que les jours défilent
trop vite et qu'il est enfin
temps d'exister vraiment.**

« Laisse l'énergie
de la terre
parcourir
ton corps
et venir
infuser
ton esprit »

**Aujourd'hui,
l'arbre aux abeilles
vous demande de vous ancrer,
vous relier à la terre
et laisser vraiment cette énergie,
composée de matière
et de terre d'ancrage,
remonter jusqu'à votre esprit
pour vous inspirer.**

Souvent, nous avons tendance à voir nos idées et inspirations tomber du ciel. Mais, pour l'heure, on vous demande de faire un bout de chemin jusqu'à sentir les énergies de la terre pénétrer par vos pieds.

Je vous propose un petit exercice pour vous essayer à cela. Marchez quelques minutes pieds nus dans l'herbe, posez vos mains sur le sol et à chaque pas, imaginez que des racines, similaires à celles d'un arbre, partent de la plante de vos pieds et la rendent encore plus lourde, comme si elle vient s'enfoncer dans la terre.

Et à chaque nouveau pas, imaginez que ces racines vous pénètrent, parcourent vos cuisses et rentrent en vous jusqu'à atteindre votre esprit et infuser tout votre être et votre cœur.

Ressentez cette lourdeur à chaque pas, ralentissez, prenez votre temps, et surtout ressentez l'énergie de la terre imprégner votre esprit.

**« Du plus petit
des insectes
aux plus gros
des mammifères,
nous avons tous
un rôle à jouer »**

En effet, Or abrite de nombreux petits insectes et autres animaux. Il est un excellent perchoir pour les oiseaux et il recueille toute cette vie extraordinaire que l'on ne voit pas au premier coup d'œil. Pourtant, il vous rappelle aujourd'hui que chaque chose sur terre a sa place. Nous formons un grand puzzle géant dans lequel chaque fonction est vraiment indispensable. S'il manque une seule pièce, le puzzle s'effondre, s'écroule.

Donc, aujourd'hui,
Or vous rappelle simplement
d'être conscient(e)
de chaque petite chose
car tout a de la valeur,
l'infiniment petit
comme l'infiniment grand.

Alors, prenons un temps pour penser au plus gros des animaux, bien plus volumineux que nous, et au plus petit des insectes ou à la plus petite des bactéries. Mêmes minuscules, ils ont du sens et ont leur raison d'être. Ils vivent en harmonie avec leurs semblables dans leur environnement. Nous, êtres humains, avons une place quelque part dans tout cela. Nous faisons partie de ce tout où il n'y a plus d'échelle de valeur.

C'est tous ensemble que nous devons avancer. Peut-être que, demain, nous nous préoccuperons simplement de tous les êtres vivants et nous nous souviendrons que nous vivons tous en harmonie sur cette terre.

Le respect des uns et des autres et la prise de conscience que chaque être a sa place engendre notre connexion et respect à nous-mêmes. Ainsi, nous reprenons notre propre place dans ce monde.

« Descends au plus profond de toi retrouver la force de tes racines »

Aujourd'hui, l'acacia vous invite à revenir à vos sources et vos racines, à aller explorer vos origines pour savoir qui vous êtes.

Il est intéressant, par moment, de se poser, de prendre quelques minutes pour soi et simplement de regarder le chemin parcouru, observer toutes les étapes de la vie depuis l'enfance.

D'où est-ce que nous venons ? D'où viennent nos parents ? Que faisaient nos grands-parents ?

Pour répondre à la proposition de l'acacia de vous reconnecter à la force de vos racines, je vous propose un nouvel exercice. Sur une feuille de papier, vous allez dessiner une sorte d'organigramme. Tout d'abord, notez les prénoms de vos grands-parents, puis leur métier.

Ensuite, notez en dessous les grandes qualités que vous voyez en eux. Faites la même chose avec vos parents. Enfin, inscrivez votre prénom et listez toutes les grandes étapes de votre vie. Prenez le temps de noter toutes les qualités que vous avez explorées depuis votre enfance jusqu'à ces dernières années.

Une fois que vous avez fait cela, respirez profondément trois fois et laissez couler en vous vos forces, comme des racines qui viennent vous accrocher à la terre. N'oubliez pas que dans votre sang, dans vos cellules et votre corps, vous portez les forces de vos ancêtres.

Vous portez les qualités de votre passé et de tout ce que vous avez déjà accompli jusqu'à présent. Tout est mémoire et tout est enregistré. Alors, servez-vous de ces bagages, de ses racines puissantes pour les transformer en force et continuer à grandir, à devenir ce tronc solide qui pourra petit à petit déployer toutes ses branches.

« Déploie tes ailes
et envole-toi,
car même
sur deux pieds,
tu restes
le plus beau
des oiseaux »

Quel beau message aujourd'hui de l'arbre aux oiseaux qui vous rappelle que vous êtes des anges terrestres. Vous êtes des oiseaux, et même si vous marchez et que vous n'avez pas d'ailes pour vous envoler, elles sont dans votre esprit, votre âme et votre pensée.

Vous pouvez vous reconnecter dès aujourd'hui au ciel, à l'univers et à tous vos rêves. Vous pouvez vous reconnecter à cette immensité qui se trouve au-dessus de vos têtes et vous rappeler que vous êtes cet alignement parfait. Ce n'est pas parce que vous êtes sur deux pieds que vous ne pouvez pas vous envoler.

L'esprit humain a la capacité de s'envoler dans des milliers d'atmosphères et de multiples dimensions et possibilités. Alors, vous devez utiliser vos ailes intuitives pour prendre votre envol.

L'arbre aux oiseaux veut vous dire que voler c'est simplement aller au bout de vos rêves, prendre de la hauteur sur votre vie, être capable de la regarder d'un œil neuf et toujours croire que vous pouvez aller plus loin, plus haut.

Il y a un proverbe qui dit que pour toucher la lune, il faut viser les étoiles.

C'est un peu ce que vous propose l'arbre aux oiseaux aujourd'hui, c'est-à-dire vous reconnecter à vos ailes intérieures pour viser la lune, toucher les étoiles de vos rêves. Envolez-vous !

Je vous propose le petit exercice suivant. Allongez-vous quelques minutes, respirez profondément et imaginez que vous montez et flottez au-dessus de votre corps. Montez, montez, montez encore. Une fois que vous êtes au-dessus, observez-vous d'en haut.

Explorez votre chemin, votre vie et envolez-vous.

N'oubliez pas de prendre de la hauteur et de voir comme tout paraît plus petit vu d'en haut. Et surtout, n'oubliez pas de réaliser tous vos rêves et de vous déployer.

« Tu peux avancer l'esprit tranquille, tout s'emboîte parfaitement autour de toi »

Aujourd'hui, Lucien vous invite à reprendre confiance en vous et à réaliser que vous êtes au bon endroit et au bon moment.

Tout se passe de la meilleure façon possible. Vous avez peut-être déjà observé que les choses s'emboîtent naturellement autour de vous. Si vous avez des doutes, des questionnements et que vous hésitez à avancer dans un projet, une relation ou tout autre chose, eh bien sachez que tout va bien.

Vous pouvez y aller l'esprit tranquille car tout s'emboîte ou va s'emboîter parfaitement.

Si votre question du jour, votre intention est : «Est-ce que je fais le bon choix ? Est-ce que je vais dans la bonne direction ? Est-ce que c'est un projet qui me correspond ?»...

Eh bien la réponse est clairement oui.

Lucien vous confie vraiment d'avoir confiance car vous êtes au bon endroit et au bon moment.

Alors, allez-y le cœur léger en toute tranquillité et faites confiance à la vie qui s'occupe de tout mettre en place autour de vous pour que tout se passe le plus parfaitement possible.

« Ouvre ton cœur
et n'oublie jamais
que l'amour, le vrai,
existe vraiment,
il est en chemin »

Aujourd'hui, Jeanine vous offre trois beaux messages dont le premier est un conseil :

Ouvrez votre cœur.

Ouvrir son cœur signifie beaucoup de choses. Avant tout, il s'agit d'avoir réellement la foi, d'être ouvert(e) à recevoir l'amour et à aimer. Ouvrir son cœur, c'est aussi croire que l'amour existe, ressentir de l'amour pour les autres et surtout pour soi-même.

Apprenez à vous aimer à partir d'aujourd'hui, faites-vous plaisir, regardez-vous dans le miroir et répétez 30 fois : « Je suis merveilleux(se) et je m'aime. Je suis merveilleux(se) et je m'aime. »

Il s'agit d'un exercice important car, si vous ne croyez pas en l'amour et surtout l'amour de soi, cela va être très compliqué de croire en l'amour des autres ou de ressentir de l'amour pour les autres. Donc, Jeanine vous demande d'ouvrir votre cœur et de vous préparer à accueillir et ressentir cet amour.

Elle vous rappelle ensuite que l'amour, le vrai, existe vraiment. Vous avez des doutes et vous vous posez ces questions sur l'amour véritable : « Est-ce que mon autre existe vraiment ? », « Est-ce que cette relation sera parfaitement à mon image? ».

Eh bien, sachez que la relation en laquelle vous croyez existe bien. Oui, elle existe. Jeanine veut vous dire de ne jamais cesser de croire en cet amour vrai. Pour cela, il est important d'ouvrir votre cœur et de croire que vous attirez cet amour à vous. Parfois, malheureusement, les circonstances de la vie, les blessures, les échecs et les peurs referment le cœur. Il se contente alors de simples relations ou d'une forme d'amour qui n'est pas le vrai.

Jeanine vous confirme aujourd'hui que le vrai amour, le grand amour existe bel et bien et qu'il faut continuer à avoir cette foi. Mieux encore, le message se termine sur une belle note. Elle vous dit qu'il est en chemin.

Cela signifie que, si vous lisez ces mots en ce moment, quelque chose va arriver très prochainement.

Le vrai amour arrive, il est en chemin vers vous. Les choses sont en train de se mettre en place, alors ayez confiance et ayez foi. La seule chose à faire est d'ouvrir votre cœur, de croire et de laisser cet amour venir envahir votre vie.

Je suis vieille
et je ne vois
plus très clair,
mais je peux sentir
ce cœur qui vibre
en toi.

Tu vas réussir,
car tu le mérites,
et tu es rempli(e)
d'amour,
alors continue
tout ce que tu fais,
comme tu le fais

Aujourd'hui, Jeanine vous dit qu'elle peut sentir votre cœur, elle peut sentir cette lumière qui émane de vous. Vous êtes une belle personne et vous rayonnez de l'amour et la douceur autour de vous. Alors, faites-vous confiance, car tous vos projets, tous vos rêves vont aboutir.

Jeanine vous rappelle que vous allez réussir parce que vous le méritez et parce que, justement, vous êtes dans cet amour. A chaque fois que vous êtes connecté(e) à votre cœur et votre énergie, qui est en vous, alors vous êtes sur la voix de votre réussite.

**Elle vous rappelle
que vous méritez d'y arriver,
vous méritez de réussir
tout simplement
parce que les personnes
au grand cœur le méritent.**

Ensuite, elle vous dit que, si vous œuvrez actuellement pour un projet, alors vous êtes sur le bon chemin, continuez, faites-le exactement comme vous êtes en train de le faire.

Si, parmi vous, certain(e)s ont des questions, des doutes sur leurs activités, leurs choix, leurs projets ou tout autre chose, Jeanine vous dit bien : « Continuez, faites exactement ce que vous faites, vous êtes sur le chemin de votre cœur. »

« Dans chaque acte
que tu poses,
chaque pensée
que tu entretiens,
aie foi que tu
en récolteras
les fruits »

Aujourd'hui, Léa vous invite à prendre conscience du pouvoir de la pensée et de l'importance de poser des actes en conscience. Nous récoltons les fruits de ce que nous semons, c'est un fait, et cela peut être à double tranchant. Prenons un exemple. Imaginez que vous plantez une graine et que vous en prenez soin chaque jour. Si vous l'arrosez, tassez la terre, émettez une énergie d'amour envers cette graine, elle va pousser, prendre de la hauteur et vous offrir, au moment venu, ses plus beaux fruits.

Cependant, si vous plantez une graine, que vous ne l'arrosez pas, l'abandonnez et la délaissez, elle ne grandira pas dans de bonnes conditions et ne vous donnera aucun fruit. C'est le résultat logique de votre action, ou inaction dans ce cas. En réalité, tout ce que vous recevez est une conséquence de ce que vous émettez. La vie est un système d'informations, qu'il soit à l'intérieur de votre corps ou à l'extérieur. On parle souvent d'effet miroir, c'est-à-dire d'un monde qui se transforme en une projection de ce que nous sommes.

Aujourd'hui, Léa vous invite à faire attention à ce que vous émettez, à être focalisé(e) sur ce que vous voulez voir autour de vous, à ressentir l'émotion que vous voulez, à mettre une intention claire et raisonnante, et surtout à poser des actions en accord avec votre objectif. Vous verrez que, si vous gardez le cap et que vous alimentez avec patience et persévérance ces intentions et ces actions, vous en récolterez les fruits.

Je vous propose un petit exercice aujourd'hui. Pensez à une chose très importante pour vous, quelque chose que vous aimeriez voir se matérialiser. Cela peut être une émotion, un projet, une relation... Qu'importe. Projetez-vous dans une situation où vous avez atteint votre but. Que ressentez-vous ?

Laissez l'émotion venir en vous. Puis, prenez un papier et listez les étapes à franchir, les actions que vous devez poser dès aujourd'hui pour atteindre cet objectif. Quelle est votre part du travail ? Que devez-vous faire ?

Qu'est-ce que vous pouvez vraiment mettre en place à votre niveau ?

Etablissez un planning et faites-le avancer. Allez à la rencontre de vos rêves, soyez conscient(e) de votre pensée et posez les bons actes.

« Je ressens
ta puissance.
Agir avec force
ne signifie pas
aller trop vite.
Pose des actes justes,
profonds
et en conscience.

Observe l'araignée,
elle prend du temps
pour tisser sa toile
parfaitement.
Grâce à ce temps
de préparation,
elle pourra être,
sans avoir à faire
la moindre chose »

Aujourd'hui, le message de Manime est assez complet.

Il vous rappelle qu'il est important de poser des actes justes, profonds et stables, en conscience, plutôt que de vouloir aller trop vite. Manine vous dit très clairement qu'il ressent votre puissance et votre force. Il sent que vous voulez avancer, mais il vous met en garde face à la précipitation. Il vous conseille vraiment de garder cette force tranquillement en vous, de ne pas la laisser exploser en voulant aller trop vite dans vos actions. En réalité, cette force ne nécessite pas de rapidité, mais de l'intensité dans les actes que vous posez.

Manime vous invite aujourd'hui à respirer profondément, ressentir ces énergies et cette puissance grandir en vous. Cette dernière doit être tranquille, intemporelle, profonde et surtout patiente. Il vaut mieux planter une graine en conscience, en profondeur, bien l'alimenter, la laisser mûrir et prendre le temps de s'en occuper, plutôt que de vouloir aller vite et semer plein de graines partout. Ici, Manime vous recommande véritablement de vous recentrer, de faire des choix et de poser des actes justes, consciemment.

Donc, si vous avez envie de passer à l'action avec toute votre énergie, organisez-vous et priorisez vos actes. Ensuite, posez des actes en conscience, en profondeur, prenez le temps de tout mettre en place et avancez pas à pas. Observez cette araignée qui consacre beaucoup de temps à sa préparation.

Si vous n'obtenez pas de résultat immédiat, n'en vous en faites pas. Vous êtes simplement en train de tisser une toile, celle qui vous ressemble et vous représente vraiment. Inutile de vous rappeler que cela prend du temps. Faites-le pas après pas. Cela vous évitera de courir après les résultats ou les actions. Au contraire, cette avancée vous aidera à devenir comme cette araignée, qui met en place sa toile et se prépare à recevoir les énergies qu'elle mérite et qui doivent l'alimenter.

Globalement, on vous demande de rester centré(e), en choisissant une première action, qui vous ressemble, à mettre en œuvre. Préparez votre toile, prenez le temps de construire votre futur. Pour le moment, vous n'avez pas besoin de voir la ligne d'arrivée.

Toutefois, ayez la certitude d'attirer à vous les bonnes énergies, grâce au positionnement de votre force. Bientôt, vous n'aurez plus rien à faire car vous serez pleinement dans l'énergie de la vie et l'abondance.

« Même
dans la nature
chacun a sa place
et a besoin
de son espace »

Aujourd'hui,
ce bel acacia
vous rappelle
que vous avez besoin
de mettre des limites
autour de vous,
que vous soyez
dans la sphère privée,
amicale, sociale.

Il est important que votre espace soit bien délimité. Il vous rappelle que, dans la nature, toute chose a besoin de son espace. Si une espèce envahit une autre et ne reste pas à sa place, cela crée un malheureux déséquilibre. Certaines espèces risquent alors de s'éteindre.

Cela dit, dans le cycle de la nature, ces extinctions permettent de nourrir et faire renaître d'autres formes de vie. Une nature avec plusieurs espèces est équilibrée et totalement juste. Toutes les choses ont leur place et sont entièrement complémentaires. Cela leur permet de grandir, évoluer et s'étendre. Aujourd'hui, c'est la même chose.

On vous dit d'apprendre à vous positionner et à placer des limites autour de vous. Elles peuvent être sous forme d'une protection énergétique ou d'un temps de repos afin de vous recentrer sur votre identité et votre propre vision.

En effet, à force d'être confronté(e) aux énergies des autres, de vous mêler trop souvent au monde ou d'être trop proche de certaines personnes, vous risquez de vous projeter sur les autres.

Ce schéma vous empêche de vous écouter intérieurement et vous suivez un processus mécanique rempli de réflexes qui ne vous appartiennent pas.

Tout cela n'est pas du tout négatif, c'est même plutôt normal, lorsqu'on vit trop fréquemment dans le même espace. Une sorte de mimétisme animal se met en place.

On copie alors le modèle de l'autre. Prenons l'exemple d'un couple qui vit ensemble depuis de nombreuses années. Au moment de leur rencontre, chacun a sa propre identité. Mais, au fil du temps, à force de vivre ensemble dans la même maison, il y a de fortes chances que chacun s'identifie aux schémas de l'autre et se perde un peu dans son identité.

On arrive parfois à des fusions extrêmes, des pertes de reconnaissance d'identités et on finit par ne plus savoir qui on est.

C'est pour cela qu'il est essentiel que chaque membre du couple garde un espace personnel pour se déployer, grandir et se retrouver.

Aujourd'hui, cet acacia vous rappelle qu'il est important d'avoir votre espace, peu importe les situations, pour vous souvenir de la personne que vous êtes, pour plonger en vous et, par-dessus tout, pour conserver votre identité. Pour vivre ensemble et former un grand tout merveilleux, chaque espèce doit préserver son unicité intérieure et son propre déploiement.

Alors, consacrez un petit temps, ne serait-ce que quelques jours ou une semaine, pour couper du monde extérieur et vous retrouver à l'intérieur de vous. Méditez, observez-vous et souvenez-vous toujours de la personne que vous êtes.

Vous devrez continuellement conserver ce petit espace-temps pour votre équilibre de vie, votre joie et votre authenticité. Ainsi, vous rayonnerez et attirerez à vous des personnes comme vous, qui auront, à leur tour, l'opportunité de briller à vos côtés. Vous arriverez finalement à des relations vraiment enrichissantes et positives pour vous.

Cela est important pour que nous puissions grandir tous ensemble avec respect et dans une certaine forme d'équilibre tel que la nature nous l'enseigne.

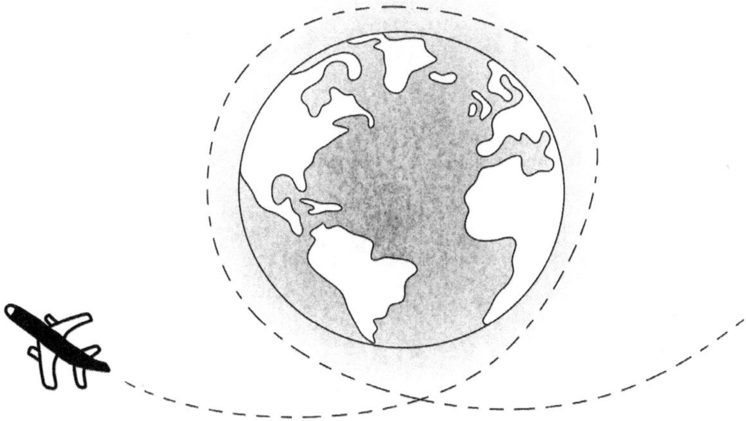

**« Laisse venir
le monde
à toi
et ta vie sera
un voyage »**

Aujourd'hui, les abeilles vous invitent à voyager librement et à apprendre à vivre au quotidien, sans attache. En fait, l'abeille vous rappelle que vous pouvez aller à la rencontre des autres et que l'inverse est aussi possible.

Donc, elle vous propose aujourd'hui de laisser venir le monde à vous, d'être dans l'accueil et de ne plus rester enfermé(e) sur vous-même. De cette façon, vous vivrez un vrai voyage. A chaque rencontre, à chaque nouvelle personne qui vous rend visite, vous voyagez à travers son vécu, sa personnalité et ce moment de partage. Quand vous voyagez, vous découvrez non seulement de beaux paysages mais aussi des personnalités, de la diversité et des modes de fonctionnement différents.

**Alors, aujourd'hui,
l'abeille vous rappelle
que vous pouvez aller
à la rencontre de la diversité
du monde et également
devenir le centre
qui accueille le monde entier.**

« Respire
profondément
pour ressentir
le souffle du monde,
regarde comme
toutes les parties
de toi s'unissent
pour mieux
se déployer »

Aujourd'hui, il y a deux messages dans le conseil et le message de Yuka.

Tout d'abord, il vous propose de respirer profondément et de vous connecter à l'énergie, au souffle du monde. Je vous invite à faire l'exercice suivant. Inspirez profondément et à chaque inspiration, imaginez que vous ressentez le battement, le souffle de la terre qui entre en vous, comme si vous ne faisiez qu'un avec le rythme, le souffle du monde.

Yuka vous rappelle que le monde est en mouvement et qu'il porte un souffle. Plus vous vous connectez à lui, plus vous vous laissez porter par sa cadence. Ainsi, les choses vous paraîtront plus faciles. C'est un petit peu comme nager dans une mer en suivant le courant. Vous n'avez qu'à vous laisser porter et flotter jusqu'au bon endroit, avec facilité et sans vous débattre. A l'inverse, si vous nagez à contre-courant, vous vous essoufflez et vous épuisez. De plus, il y a de fortes chances que vous n'arriviez pas à la destination souhaitée.

Donc, le premier conseil important serait de respirer profondément et d'essayer de se calquer sur le rythme et le souffle de la terre et du monde.

Je vous écris ces mots précisément trois jours après le déconfinement.

Et effectivement, ce confinement nous a invités à suivre le rythme du monde qui était de rester à l'arrêt, de rentrer un peu en soi, de revenir à l'essentiel. Et là, ça redémarre, on bouge à nouveau... Il est important d'être en mouvement et de repartir pour déployer cette énergie que nous avons recentrée pendant tout ce temps. La deuxième partie du message est d'observer comme toutes nos parties sont en train de s'unir pour mieux se déployer. C'est un peu comme si on vous demandait de vous rendre compte de la complémentarité de toutes vos facettes. Certain(e)s d'entre vous ont probablement plusieurs activités ou plusieurs facettes. Posez-vous quelques secondes et méditez sur toutes les parties de vous.

Observez comme elles sont en train de se réunir. Cela annonce que quelque chose est en train de changer autour de vous. Tout ce que vous avez fait jusqu'à présent, devient logique et cohérent, comme si toutes les pièces, qui font partie de vous, ne forment qu'un aujourd'hui.

En fusionnant, elles forment un véritable puzzle complet. Vous comprendrez pourquoi tous ces fragments sont complémentaires et retrouverez sans nul doute cette forme d'unité intérieure.

Observez donc toutes vos facettes et voyez comme elles ont du sens, comme elles sont complémentaires, comme au final, elles ne forment qu'un.

Finalement, Yuka vous dit aujourd'hui qu'il est temps de repartir, de réunir toutes ces choses dans votre valise intérieure, un peu en désordre

Prenez conscience que toutes ces parties ne forment qu'un et qu'elles vous permettent de vous focaliser sur le souffle du monde pour prendre la direction de votre unicité. Ainsi, vous savez exactement où vous devez aller.

« Des mémoires
du passé
sont encore
présentes,
transmute-les »

Aujourd'hui, Or vous invite à vous plonger dans ces mémoires du passé.

En effet, si vous pensez que votre passé est encore là aujourd'hui, cela signifie que quelque chose persiste à interagir avec vous sur votre présent.

Cela peut être votre comportement, vos émotions ou encore vos peurs du quotidien. Ces réactions anormales demandent de l'attention car elles n'ont pas encore été transmutées. Elles sont toujours en connexion avec des mémoires du passé.

Or vous invite donc à vous libérer, à transformer toutes ces énergies du passé pour pouvoir avancer. Vous les utiliserez pour rebondir dans l'instant présent et grandir encore plus.

Je vous propose un petit exercice pour vous permettre justement de vous libérer de ce passé. Imaginez que vous écrivez une lettre à votre « Vous » d'hier ou de 10 minutes en arrière. Tout en haut de votre feuille, inscrivez le nom du destinataire (par exemple, Vous de la journée d'hier), la date de rédaction du courrier (par exemple la date d'hier) et l'objet « Libération et transmutation du passé ». Commencez ensuite à rédiger le contenu de votre lettre, à votre guise.

L'idée est de lui dire que vous le libérez de son passé, que toutes les énergies sont transmutées et, qu'à partir d'aujourd'hui, vous êtes totalement régénéré(e) et libre ; et ceci à partir de la lecture de votre lettre. Je vous invite à vous munir d'un verre d'eau pendant l'écriture de votre lettre. Une fois que vous avez terminé son contenu, je vous demande d'inscrire, à la fin, les

mots suivants :

« Je te libère
de ton passé,
toutes les énergies
sont transmutées
et tu es libre
d'être ici
et maintenant.

En buvant
cette eau
très spéciale,
tu seras
totalement
libéré(e)
et le rituel
sera terminé. »

Voilà les dernières phrases que vous pouvez écrire sur votre lettre. Une fois l'intégralité de la lettre écrite, buvez votre verre d'eau. J'espère que ce petit exercice vous aura plu et que vous serez complètement libéré(e) de votre passé.

Vous pourrez enfin réutiliser toutes ces énergies dans l'instant présent et vibrer, rayonner de tout votre être.

« Tu es tellement beau
lorsque
tu souffles »

Ce message est assez court, pourtant, je trouve qu'il prend tout son sens.

Aujourd'hui, ce beau saule pleureur veut vous rappeler à quel point il est important de respirer, de souffler, de vous arrêter un moment.

À travers son message, je crois qu'il vous dit que vous êtes rayonnants, lorsque vous quittez le rythme intense de la vie et que vous êtes simplement là, dans l'instant présent.

C'est peut-être un moyen pour lui de vous voir réellement tel(le) que vous êtes.

Ralentissez, prenez le temps de vous ancrer, vous enraciner dans la terre et être pleinement celui/celle que vous êtes. Je crois donc, et ce message résonne aussi en moi, qu'il est important de se poser quelques instants, de respirer profondément et d'arrêter notre activité actuelle, de prendre un moment pour souffler quelques minutes, quelques heures. Souffler et s'autoriser à être là. Juste là, présent(e) à soi.

Reconnectez-vous à l'essentiel, libérez-vous de toutes les pensées de votre tête et profitez de l'instant. Ne soyez plus dans le « faire ».

Avec un peu de chance, lorsque vous serez dans ce moment d'apaisement, peut-être que vous verrez votre propre beauté.

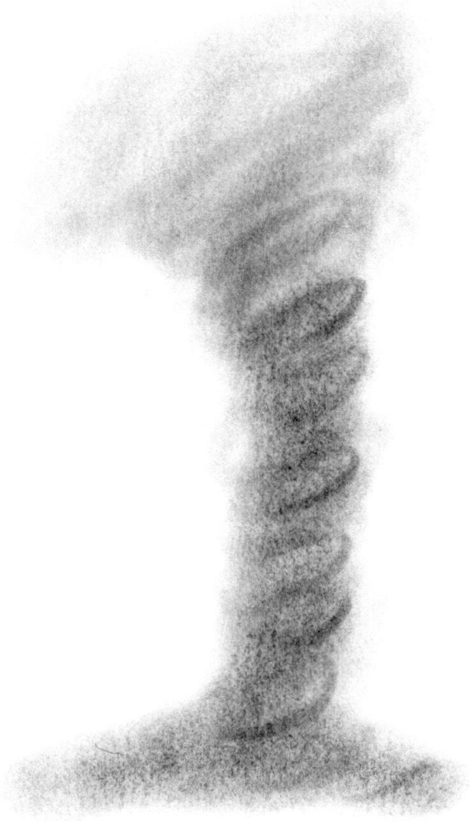

« Chaque nouvelle tempête est un nettoyage intérieur »

Aujourd'hui, Lya vous réconforte dans les tempêtes et les mouvements de nos vies. Il vous rappelle que dès que vous vivez des étapes bouleversantes, difficiles et mouvementées, il s'agit en fait d'une belle opportunité.

C'est l'occasion de faire le vide à l'intérieur et de nettoyer tout ce qu'il n'y a plus lieu d'être.

C'est l'heure du grand ménage dans votre vie et votre intérieur pour partir vers quelque chose de totalement neuf.

D'ailleurs, la métaphore de la tempête, qui bouleverse l'océan et la plage, illustre bien le message d'aujourd'hui. La puissance des vagues ramène au bord de l'eau, sur la plage, tous les déchets qui n'ont plus leur place au cœur de l'océan.

Profitez de votre tempête intérieure, pendant laquelle vous vivez des moments difficiles, pour lister toutes ces choses dont vous voulez vous débarrasser. Une fois votre liste établie, enterrez-la dans la terre ou brûlez-la.

Tirez parti de cette tempête intérieure ou extérieure pour vous libérer et faire un grand ménage.

« Souris plus
qu'il ne le faut
pour voir
apparaître
ton bonheur »

Aujourd'hui,
Léa vous rappelle
de voir le bon côté
des choses
et de vous forcer à sourire.

En effet, lorsque vous souriez, vous renforcez les petits muscles de votre visage et cela déclenche une onde positive en vous.

Sourire, parfois même se forcer à sourire, vous procure une sorte d'enchantement intérieur qui vous rappelle qu'il y a du bonheur en vous et autour de vous. En fait, Léa vous propose un exercice aujourd'hui, qui est de sourire, tout simplement.

Alors, je vous invite à mettre votre chronomètre en marche, et pendant une minute toutes les heures, je vous laisse afficher votre plus beau sourire.

Instantanément, lorsque vous sourirez avec tous vos petits muscles en action, vous sentirez une forme de légèreté qui vous incitera à envisager les choses plus positivement. Souvent, il suffit de sourire pour que la vie nous le rende bien, et ce, à travers la beauté des petites choses. Là, le bonheur apparaît. C'est précisément ce que Léa vous conseille aujourd'hui car il existe de très belles choses autour de vous et il est important d'avoir de la gratitude pour cela.

Aujourd'hui,
souriez et observez
tout ce bonheur en vous
et tout autour de vous.

« Ton manque
de confiance
en toi
te perdra »

Aujourd'hui, Or vous rappelle qu'il faut que vous ayez confiance en vous pour prendre de bonnes décisions et faire les bons choix. Lorsqu'il s'agit de prendre des décisions importantes ou faire des choix engageants, on perd souvent confiance en soi. On demande des avis autour de nous et on attend des réponses. On n'ose pas et on finit par se perdre.

Ce message est très important puisqu'il vous rappelle que vous avez le libre arbitre dans votre vie. Votre chemin, vos objectifs et votre destin sont le résultat de vos propres choix. Bien entendu, l'univers vous guide, il est présent dans toutes vos actions. Toutefois, la vie reste un grand terrain de jeu où vous pouvez vous amuser et aller dans la direction que vous voulez.

Même si la vie et l'univers vous accompagnent partout, vous faites le choix de votre direction. Autrement dit, vous prenez votre décision et choisissez d'y aller.

Cela vous appartient. Vous êtes responsable de la vie et des choix que vous mettez en place. En fonction de cela, vous récoltez les fruits de ce que vous semez. Donc, ayez confiance en vous et faites les choix qui vous semblent bons. Personne ne peut décider à votre place tout simplement parce que chacun a déjà beaucoup à faire avec sa propre personne.

Or vous rappelle aujourd'hui que, si vous manquez de confiance en vous, vous tournez en rond et perdez votre chemin. Finalement, l'unique direction est celle que vous décidez de prendre au plus profond de vous.

Si vous agissez de cette façon, vous ne vous perdez jamais et êtes sûr(e) que votre cœur vous ramène exactement sur votre chemin.

Alors, s'il vous plaît, ayez confiance en vous. Vous êtes merveilleux(se) et avez toutes les réponses à l'intérieur de vous.

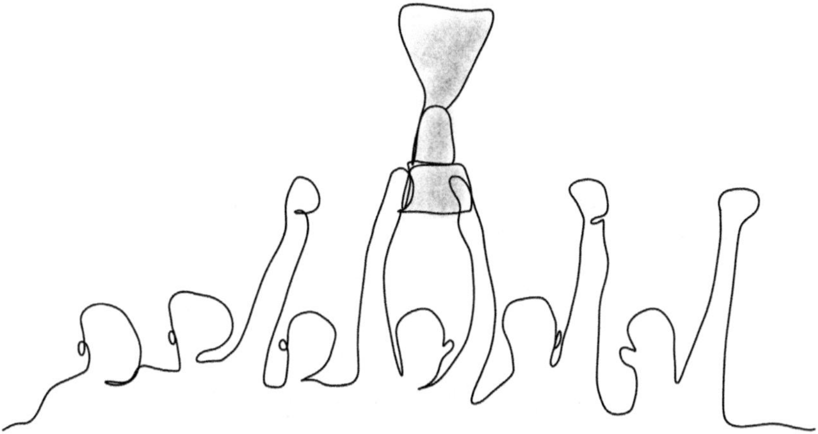

« Tu es capable de tout faire.

Toutes tes années d'expérience t'ont préparé(e) à ça »

Aujourd'hui, Léa vous rappelle que vous avez cette force en vous.

Vous êtes capable de tout faire. Si vous prenez actuellement de grandes décisions, faites plusieurs choses simultanément ou encore pensez à baisser les bras, Léa vous dit : « Bien sûr que oui, vous allez y arriver, vous avez cette force en vous, vous êtes capable de le faire ! » Justement, elle vous rappelle que vos années d'expérience vous ont endurci(e) et mené(e) jusque-là.

C'est un peu comme l'aboutissement de tout ce que vous avez vécu. Alors, balayez le moindre doute parce que vous êtes prêt(e) et vous pouvez vous lancer sans crainte.

Votre expérience vous prépare à votre vie. Vous avez toutes les ressources nécessaires en vous. Je vous garantis que vous en êtes capable. Tous les voyants sont au vert, alors allez-y !

Grâce à cette façon de penser, vous verrez que vous pourrez soulever des montagnes. Vous serez prêt(e) à réaliser ce grand projet si important à vos yeux.

Vous avez toutes les cartes en main, toutes les clés, c'est déjà ancré en vous, libérez-vous des doutes et foncez !

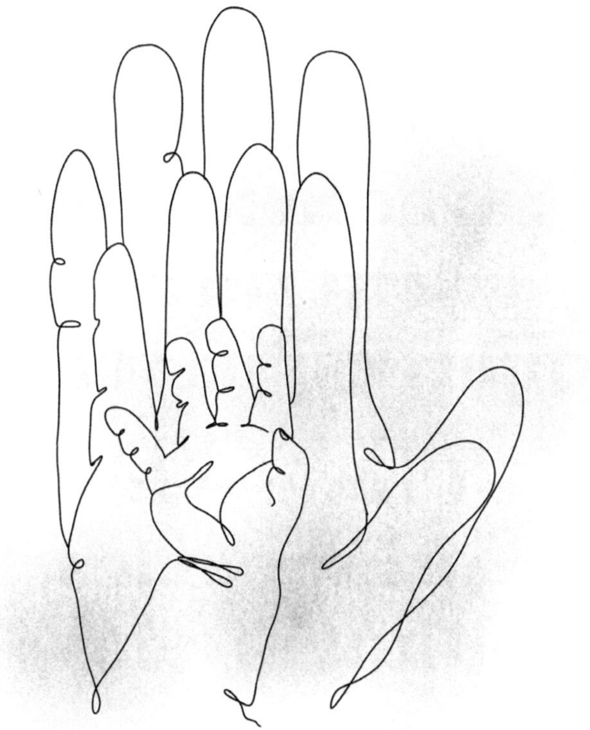

« Les liens
avec la famille
sont sacrés,
quels qu'ils soient.

Protège-les,
préserve-les,
alimente-les »

Aujourd'hui, les frères Freine vous rappellent que chaque famille possède des liens, aussi bien issus de votre couple que de vos parents, vos frères, vos sœurs, vos cousins, vos oncles, vos grands-parents ou vos enfants... Aucune rencontre ne se fait par hasard. Toutes les personnes qui vous entourent sont reliées à vous par des liens sacrés.

Ces derniers
vous rappellent
que chaque rencontre
ou personne de votre
entourage est un miroir
ou une clé
de votre apprentissage,
votre guérison
ou encore votre évolution.

Parfois, les relations familiales peuvent être difficiles et traumatisantes. Aujourd'hui, les frères Freine vous rappellent que les liens qui vous unissent sont sacrés. La vie et la descendance y sont très marquées. Il est donc important de préserver et alimenter ces liens. Ainsi, vous permettez à la vie de continuer et de vous créer de nouveaux cycles.

Soyez vigilant(e) car il existe deux types de liens : ceux qu'on doit travailler et guérir et ceux qu'on doit protéger car il s'agit d'une connexion sacrée.

Tout ce qui vous relie aux membres de votre famille doit être transmuté avec amour et lumière. Ce lien sacré nous rappelle à tous que nous sommes des êtres vivants qui formons un grand tout. Sans cela, nous ne sommes rien.

Par conséquent, si vous avez un contact, même lointain, avec des membres de votre famille, sachez que ces liens sacrés doivent être simplement préservés pour éviter d'oublier que vous existez et que vous formez une unité.

« On ne meurt pas,
on nourrit
une autre
forme de vie »

Aujourd'hui,
Or vous accompagne dans le deuil, dans la perte.

Il vous rappelle que rien ne meurt, tout est cyclique.

Dans chaque chose qui s'en va, il y en a une autre qui revient, que ce soit dans le deuil ou les changements. Tout est une question de cycle car après la pluie, vient le beau temps. Ou encore, lorsque le soleil se couche, arrive la lune. Il est important de garder confiance, de se rappeler que tout est vivant et que chaque être qui part permet de redonner la vie à autre chose.

Or est un saule pleureur mort et malade. Pourtant, il n'a jamais été aussi vivant que depuis qu'il abrite de nombreuses espèces autour de lui.

Des fleurs poussent, des oiseaux sont perchés et font leur nid, des fourmis circulent... Il accueille énormément d'espèces et a permis de recréer une certaine forme de vie.

Finalement, en soulignant ce cycle, Or veut vraiment vous rappeler que rien ne se meurt, rien ne se perd, tout renaît.

Chaque transformation est une reconnaissance.

Alors, essayons de visualiser la vie dans chaque chose.

De plus, la vie dans chaque mort est de nous rappeler que chaque moment difficile est aussi la clé de grands moments de bonheur.

NOTE DE L'AUTEURE

Merci de m'avoir lue.

J'espère que ce livre t'a apporté
autant qu'il m'a transportée lors de son écriture.

Si ce contenu t'a plu, partage-le autour de toi !
Retrouve mes autres livres, coffrets audio et aventures sur mon site :
https://www.stephaniedordain.com

Tu me trouveras aussi sur les réseaux sociaux Facebook,
Instagram et Youtube en tapant « Stéphanie Dordain ».

Noublie pas de mettre un avis sur la page du livre Amazon,
Babelio et sur mon site internet, cela m'aidera beaucoup !

Si tu aimes les animaux comme moi, retrouve on association BEPA
et toutes ses actions dans le monde pour les animaux ici :

https://www.bepafrance.org

**« Nous sommes le monde,
nous sommes le changement ! »**

Printed in France by Amazon
Brétigny-sur-Orge, FR

23178677R00077